AF302532

GRUPPENARBEIT GEWINNBRINGEND EINSETZEN

Tipps für gelungenes Teamwork

Verfasst von Caroline Cailteux

Übersetzt von Leonie Kremer

Für die Arbeitswelt 50MINUTEN.de

50MINUTEN.de

NEUER SCHWUNG
FÜR IHRE KARRIERE

GRUPPENARBEIT GEWINNBRINGEND EINSETZEN — 9

Einleitung

GRUPPENARBEIT: DIE GRUNDLAGEN — 15

Sich individuell positionieren
Sich gemeinsam positionieren
Sich in der Gruppendynamik positionieren

TOP TIPPS — 45

Achten Sie auf den Zusammenhalt der Gruppe
Werden Sie sich bewusst über die Schädlichkeit bestimmter Verhaltensweisen
Situationen mit Professionalität begegnen

FAQ — 53

Wodurch zeichnet sich ein professionelles Team aus?
Welche Aspekte tragen zur guten Gruppenarbeit bei?
Beeinflusst eine Verflechtung der Aufgaben die Effizienz?
Gibt es ein Modell, mit dem man die Teamleistung auswerten kann?
Kann die Teamleistung anhand der Ergebnisse bewertet werden?
Erzielen die leistungsstärksten Teammitglieder auch gleichzeitig die besten Ergebnisse?
Hängt die Leistung nur von den Kompetenzen ab?
Hat die Gruppe einen Einfluss auf meine persönliche Identität?

JETZT SIND SIE GEFRAGT! — 65

DARÜBER HINAUS — 69

GRUPPENARBEIT GEWINNBRINGEND EINSETZEN

- **Ziel:** seinen Platz in der Gruppe finden, um mit allen Teammitgliedern effizient zusammenarbeiten zu können
- **Anwendung:** Bei guter Gruppenarbeit werden die Beiträge jedes Einzelnen optimiert und Zusammenarbeit wird gefördert, wodurch die Produktivität des Unternehmens steigt.
- **Arbeitskontext:** Personalmanagement, Gruppenarbeit, Projektmanagement
- **FAQ:**
  - Wodurch zeichnet sich professionelles Team aus?
  - Welche Aspekte tragen zur guten Gruppenarbeit bei?
  - Beeinflusst eine Verflechtung der Aufgaben die Effizienz?
  - Gibt es ein Modell, mit dem man die Teamleistung auswerten kann?

- Kann die Teamleistung anhand der Ergebnisse bewertet werden?
- Erzielen die leistungsstärksten Teammitglieder auch gleichzeitig die besten Ergebnisse?
- Hängt die Leistung nur von den Kompetenzen ab?
- Hat die Gruppe einen Einfluss auf meine persönliche Identität?

EINLEITUNG

Die Gruppe, mit der wir arbeiten, beeinflusst unsere individuelle berufliche Leistung. Jede Gruppe entwickelt eine eigene Dynamik und so entsteht durch die Zusammenarbeit zwischen den einzelnen Gruppenmitgliedern eine Art Verhaltenskodex, der sich aus erwarteten Verhaltensweisen und Ritualen zusammensetzt und möglichst respektiert werden sollte. Für eine effiziente Arbeit spielen nicht nur die individuellen und kollektiven Kompetenzen eine Rolle, die für das Erreichen eines gemeinsamen Ziels benötigt werden, es müssen ebenfalls die Arbeitsweisen jedes Einzelnen dekodiert und jedem eine Rolle zugewiesen werden.

Das Entstehen des Verhaltenskodex kann Ihr Handeln mehr oder weniger stark beeinflussen und auch gegebenenfalls entscheiden, wie wohl Sie sich in der Gruppe fühlen. Obwohl diese Verhaltensvorgaben sehr präsent sind und sich auf das Engagement der Gruppenmitglieder auswirken, werden sie nicht immer so explizit benannt, wie man es sich vielleicht wünscht. Ihre persönliche Effizienz in der Gruppe hängt also davon ab, ob Sie Ihren Platz finden und sich ihrer speziellen Dynamik anpassen können.

Die Gruppe ist wie ein Schiff, das einen Ozean überquert. Man will das andere Ufer erreichen, von Strömungen profitieren, Stürmen standhalten und anschließend Windstillen ausnutzen. Sich nicht mit den Charakteristika und der Dynamik einer Gruppe auseinanderzusetzen kann Ihren Einsatz bei der Arbeit zunichtemachen. Aus diesem Grund sollten Sie 50 Minuten investieren, um Lösungen zu entdecken, die zu Ihnen passen und mit denen Sie eine angenehme Überfahrt haben werden.

Wissenschaftler haben sich lange Zeit darauf konzentriert, zu erforschen, was sich in Gruppen abspielt, um den Einfluss auf Einzelpersonen zu untersuchen. Heutzutage interessieren sich vor allem gewinnorientierte Unternehmen für die Leistung von Gruppen und die Konsequenzen ihrer Arbeit auf die gesamte Produktivität des Unternehmens. Ein Grund, warum Gruppenarbeit eingesetzt wird, besteht darin, dass ein Angestellter nicht Experte auf allen Gebieten sein kann und man viele unterschiedliche Kompetenzen benötigt, um Projekte durchzuführen. Mit Gruppen können gleiche oder ergänzende Fähigkeiten vervielfacht werden, um so ein gemeinsames Ziel zu erreichen.

GRUPPENARBEIT: DIE GRUNDLAGEN

Bevor Sie über Ihre Effizienz in Ihrer Gruppe nachdenken, sollten Sie zunächst Ihre Position bewerten, indem Sie über die folgenden drei Aspekte nachdenken:

- **individuelle Dimension**: Welche sind Ihre persönlichen Komfortzonen und Belastungsgrenzen?
- **kollektive Dimension**: Was ist Ihre Position in der Gruppe? Welche Rolle nehmen Sie in der funktionalen und in der sozialen Hierarchie ein?
- **Umweltdimension**: Wodurch werden Handlungen unterschwellig gerechtfertigt und was zeichnet Ihr Arbeitsumfeld aus?

SICH INDIVIDUELL POSITIONIEREN

Unter Ihren Kollegen gibt es manche, die Ihnen sympathisch sind und mit denen Ihnen es leichtfällt zusammenzuarbeiten und andere, bei denen Ihnen eine Zusammenarbeit unmöglich erscheint. Die folgenden Erklärungen werden Ihnen zeigen, warum dies so ist.

Dieser Ansatz geht auf Carl Gustav Jungs Werk (Schweizer Psychiater und Begründer der analytischen Psychologie, 1875-1961) *Psychologische Typen* (1921) zurück. Ziel dieses Ansatzes ist es, seine Präferenzen hinsichtlich bestimmter Situationen, Objekte, Personen etc. herauszufinden.

EINSTIEGSÜBUNG

1. Schreiben Sie Ihren Namen und Ihre Adresse mit der Hand auf, mit der Sie auch normalerweise schreiben.
2. Schreiben Sie das gleiche, aber diesmal mit der anderen Hand.

Was fällt Ihnen dabei leicht und was schwer? Die erste Aufgabe wird Ihnen wahrscheinlich viel leichter vorkommen als die zweite. Wenn Sie Ihre gewöhnliche Schreibhand benutzen, befinden Sie sich in Ihrer „Komfortzone". Waren Sie mit der anderen Hand weniger agil? Brauchten Sie mehr Zeit beim Schreiben? Mussten Sie sich mehr konzentrieren? Ist das Ergebnis von gleicher Qualität? Als Sie gezwungen waren, Ihre andere Hand zu benutzen, haben Sie gezeigt, dass Sie auch dann in der Lage sind, die Aufgabe zu erledigen, befanden sich jedoch in der „Belastungszone".

Wenn unseren spontanen Vorlieben für bestimmte Situationen und Personen entsprochen wird, verlangt uns dies weniger ab als die Konfrontation mit dem Gegenteil. Unsere Energie orientiert sich also in eine bestimmte Richtung, im übertragenen Sinn positioniert sie sich auf einer Achse zwischen zwei gegenteiligen Polen und hat dabei eine natürliche Präferenz für eine Seite der Achse.

Psychologische Typen

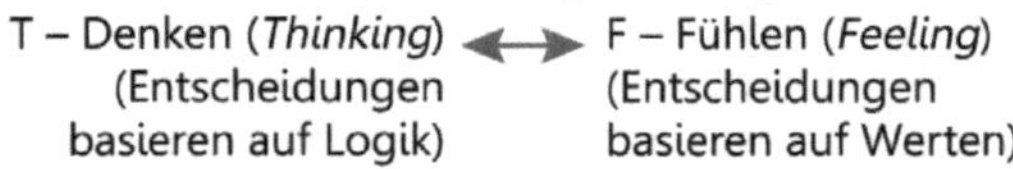

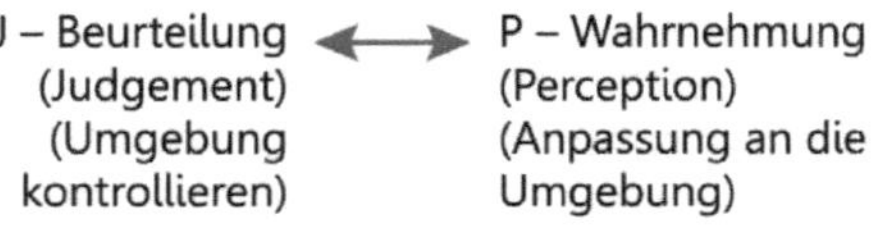

Durch die verschiedenen Kombinationsmöglichkeiten dieser 4 Typen erhält man 16 Profile, die verschiedene berufliche und private Funktionsweisen beschreiben. Probieren Sie den MBTI-Test (Myers-Briggs-Typenindikator) aus, um herauszufinden, wie Sie funktionieren. Wenn Sie mehr über Ihr Profil erfahren, werden Sie besser verstehen, warum Sie gerne mit Markus Akten bearbeiten, warum Sie Ritas mangelnde Organisation nicht leiden können und warum Sie die ausschweifenden Diskurse Ihres Vorgesetzten nerven.

ZUSATZINFORMATION: ILLUSTRATION DER VERSCHIEDENEN ARBEITSBEREICHE

Extraversion (E) vs. Introversion (I)

Immer wenn Person A ins Büro kommt, ist sie bester Laune. Gesellig wie sie ist, macht sie erstmal die Runde, tauscht ein paar Worte mit den Teammitgliedern aus und ab und zu hört man einige Lacher. Wenn sie da ist, weiß jeder Bescheid. Person As Energie orientiert sich vermutlich eher in Richtung des Bereichs Extraversion (E). Auch wenn Person B sie sympathisch findet, fühlt sie sich allein vom Beobachten ihres morgendlichen Rituals erschöpft. Sie ist eher zurückhaltend und nachdenklich und erscheint schon früh vor den anderen im Büro, wodurch ihr Arbeitstag sanft startet und sie ein wenig Privatsphäre genießt.

Wenn sich Person A ihr gegenüber an ihren Arbeitsplatz setzt, ist sie bereits konzentriert und fühlt sich von ihrem Smalltalk etwas gestört. Die Energie von Person B orientiert sich Richtung Introversion (I).

Sensorik (S von Sensing) vs. Intuition (N)

Plötzlich spricht Person Ab Person B an: „Hast du das neue Plakat am Eingang gesehen?" „Welches?", fragt Person B, „Das mit dem Strand und den drei Palmen, mit dem Spruch in kursiver Schrift?" Seine Frage bezieht sich strukturiert und realistisch auf Konkretes (S). Person A denkt nach: „Äh, ich meine das, wo man zu träumen anfängt und an Urlaub denkt, wenn man es anschaut, wie eine Portion Sauerstoff, bevor man in die Arbeit eintaucht." Person A wird von ihrer Vorstellungskraft geleitet, da sie eher ihrer Intuition (N) folgt.

Denken (T von Thinking) vs. Fühlen (F von Feeling)

Ihr Vorgesetzter denkt darüber nach, ob es sinnvoll ist, ein bestimmtes Projekt zu wiederholen. Dazu möchte er die Meinung von Person A und B haben. A meint dazu: „Ich denke, dass wir das Projekt so beibehalten sollten. Wir können dadurch das Image des Unternehmens pflegen und stärken. Die Stammkunden wären sehr enttäuscht, wenn wir das Event absagen. Außerdem ist es einer der seltenen Momente, in denen wir als Team gemeinsam Zeit verbringen. Was denkst du, B?" Person B holt das Dokument hervor, das sie morgens vorbereitet hat und erklärt die Vor- und Nachteile des Projekts: „Wenn ich objektiv von den Fakten ausgehe und mich auf meine Analysen und das Budget beziehe, dann komme ich zu dem Schluss, dass ich das Event eher nicht nochmal durchführen würde." Dieser Austausch lässt darauf schließen, dass Person A ihre Entscheidungen auf Grundlage ihrer Gefühle und Werte trifft (F) und Person B sich dagegen für etwas entscheidet, das er für logisch hält (T).

Beurteilung (J von Judgement) vs. Wahrnehmung (P von Perception)

Während Person B gerne alles unter Kontrolle hat (J), pflegt Person A einen Lebensstil, der ihr erlaubt, ständig Neues auszuprobieren (P). „Komm schon, B", beharrt A, „Das ist eine Möglichkeit, Leute zu treffen und Neues zu entdecken." Person B gibt klein bei: „Na gut, aber unter einer Bedingung: Wir fangen frühzeitig mit der Planung an. Es steht außer Frage, dass du zu spät kommst oder wir am Ende wieder im Regen stehen müssen, weil du vergessen hast, ein Zelt auszuleihen!" „Ich finde dich ein bisschen streng", antwortet Person A, „Wir haben uns doch unter die Bäume stellen können!"

SICH GEMEINSAM POSITIONIEREN

Sich bei der Arbeit positionieren

Die Zusammenstellung Ihres Teams hat einen Einfluss auf die Effizienz. Nach den Ergebnissen einiger Wissenschaftler besteht die Herausforderung nicht darin, ein heterogenes Team zu bilden (denn das habe keinen Einfluss auf die Effizienz), sondern eine für die anvertraute Aufgabe geeignete Gruppe zusammenzustellen.

Damit die Teammitglieder sinnvoll zusammen-arbeiten, ist es wichtig, dass jeder eine klare Vorstellung von den Aufgaben hat, die er vorrangig zu erledigen hat. Nicht selten entstehen Konflikte, wenn sich Teammitglieder ins Gehege kommen oder wenn sich niemand für eine bestimmte Aufgabe verantwortlich fühlt.

Obwohl es eigentlich Marcos Aufgabe ist, begrüßt Lucie regelmäßig neue Kunden am Schalter, weil sie glaubt, ihrem Kollegen damit einen Gefallen zu tun. Dabei merkt sie allerdings nicht, dass Marco dies frustriert, weil es ihm unmöglich erscheint, seine Arbeit zu machen. Während sie sich deshalb um den Schalter „streiten", verteilt niemand die Post, die vielleicht wichtige oder dringende Kundenanfragen enthält.

Für das Funktionieren von Teamarbeit ist eine klare Aufgabenverteilung sehr wichtig. Zur Erinnerung: Jeder Mensch besitzt „Komfortzonen" (Sachen, die wir mit Leichtigkeit und spontan erledigen können) und „Belastungszonen" (die Erledigung erfordert mehr Anstrengung, Konzentration, Lernen etc.). Rollen in der Gruppe sollten nach Tätigkeitsfeldern und

Kompetenzen der Mitglieder verteilt werden, denn nur so wird die bestmögliche Effizienz bei der Aufgabenerledigung erreicht.

Caroline Cailteux unterteilt in ihrem Modell zur Karthographie des Zusammenspiels von Funktion und Kompetenz („cartographie de la cohabitation des fonctions et compétences", 2013) die funktionalen Rollen der Personen in drei Kategorien:

- Hauptsächlich **pragmatische oder körperliche Aufgaben** umfassen meist repetitive Arbeitsschritte in recht ähnlichen Situationen, die mit Objekten und konkreter Realisierung zu tun haben.
- Hauptsächlich **kognitive Aufgaben** werden vor allem durch Gehirnaktivität und Denken erledigt, geschehen im Rahmen von Unbekanntem sowie Innovationen und betreffen abstrakte Objekte und Lösungsfindung.
- Hauptsächlich **zwischenmenschliche Aufgaben** bezeichnen vor allem zwischenmenschliche Interaktionen und die Reaktion auf die Umwelt und betreffen emotionale Aspekte, Werte und den Einsatz von Mitteln.

Jeder Beruf beinhaltet diese drei Dimensionen und jeder hat die nötigen Kompetenzen, potenziell in den drei Bereichen zu agieren. Nichtsdestotrotz ist es bei jeder Funktion wichtig, Prioritäten zu setzen. Beim Priorisieren können sich bestimmte Profile herausstellen, die durch polyvalente oder ergänzende Aspekte miteinander verbunden sind. Die Kreuzung dieser drei Dimensionen lässt acht „Funktionsrollen" entstehen, wobei je nach Aufgabe eine bestimmte Kombination von Kompetenzen aktiviert wird. In jedem Beruf wird der Fokus auf einen oder mehrere Bereiche gelegt.

Funktionsrollen

Funktionale Rolle	konzentrieren sich primär auf	Beispiele
Macher	eher praktische Tätigkeiten, die sich um materielle Umsetzung drehen	Putzkräfte, Hilfsarbeiter, Verwaltungs-assistenten
Experte	hauptsächlich kognitive Tätigkeiten mit Fokus auf Ideen und Lösungen	Experten auf bestimmten Gebieten, Wissenschaftler, Chemiker, Analytiker, ...
Begleitperson	Tätigkeiten, die mit zwischenmenschlichen Beziehungen zu tun haben, und bei denen man emotionalen Reaktionen ausgesetzt ist	Sozialarbeiter, Kundenwerber, ...

Funktionale Rolle	konzentrieren sich primär auf	Beispiele
Zwischen-händler	Tätigkeit, bei der praktische und zwischenmenschliche Aufgaben kombiniert werden, um auf Worte Taten folgen lassen und den Kunden zufriedenzustellen	Verkäufer, Empfangs-personal etc.
Übermittler	Tätigkeit, bei der zwischenmenschliche und kognitive Aufgaben kombiniert werden, wobei Daten und Informationen verarbeitet werden, um sie dem Zielpublikum zu übermitteln	Öffentlich-keitsarbeit, Lehrer, Trainer
Verwalter	Tätigkeit, bei der kognitive und organisatorische Aufgaben kombiniert werden, um mit bestimmten Handlungen den weiteren Prozess zu sichern	Verwaltung von administrativen Ordern, Verwaltung von technischen Prozessen

Funktionale Rolle	konzentrieren sich primär auf	Beispiele
Koordinator	Kombination von Nachdenken und Handeln, wobei auf zwischenmenschliche Aspekte geachtet wird. Anstatt Macht auf die Zielgruppe auszuüben, wird diese mobilisiert	Projektleiter
Manager	Kombination von Nachdenken und Handeln, wobei auf zwischenmenschliche Aspekte geachtet und Leadership-Kompetenzen genutzt werden, d. h. eine vom Unternehmen übertragene und legitimierte Autorität	Teammanager

Kein Beruf ist definitiv mit einer der Kategorien verbunden, wichtig ist vielmehr die Rolle, die der Funktion zugeschrieben wird. Beispielsweise kann ein Klempner die Rolle eines Machers haben, der auf der Basis von Ratschlägen ein Leck repariert, eines Verwalters, der das Problem analysiert, bevor er das Leck behebt, eines Übermittlers, der Anfänger ausbildet oder auch eines Managers, der die Aufgaben auf die Teammitglieder aufteilt und erklärt, wie das Leck zu beheben ist.

Belbin zufolge (2006) nimmt jedes Teammitglied zwei Rollen ein:

- Eine **funktionale Rolle**, von der sich das Unternehmen wünscht, dass Sie sie aufgrund Ihrer Funktionen annehmen. Es beschreibt die Art, wie Sie möglichst entsprechend Ihrer Aufgaben im Bezug zu anderen funktionieren sollten (identisch oder ergänzend).
- Eine **Gruppenrolle**, die die Art betrifft, wie Sie zwischenmenschliche Beziehungen führen.

Wenn zum Beispiel zwei Personen gut darin sind, Events zu organisieren, Akten zu bearbeiten oder ein Computernetz zu managen, kann es sein, dass eine davon weniger effektiv arbeitet, wenn sie es innerhalb einer Gruppe tun muss. Da Menschen unterschiedlich sind, gefallen uns manche Gruppenkonstellationen besser, je nach der Rolle, die wir möglicherweise auf zwischenmenschlicher Ebene einnehmen können. Wir sind keine Maschinen und können uns deshalb bei Gruppenarbeit nicht damit zufriedengeben, einfach nur zu „funktionieren". Neben der funktionalen Rolle ist es ebenfalls wichtig, in den Beziehungen, die man zu seinen Kollegen unterhält, seine Komfort- und Belastungszone zu kennen, sprich seine „Teamrolle".

Sich in der Gruppe positionieren

Meredith Belbin definiert neun „Teamrollen", die das Verhalten gegenüber Gruppenmitgliedern und unseren persönlichen Beitrag charakterisieren. Seinem Ansatz zufolge passen zu jedem Menschen drei Rollen, wobei einige mehr Energie abverlangen als andere. Dies macht deutlich, warum man in manchen Gruppen aufblüht und in anderen nicht.

Auch wenn manche Rollenbezeichnungen die gleichen Namen wie die der „Funktionsrollen" haben, unterscheiden sich die Definitionen dennoch. Die folgenden Informationen folgen nicht der Funktion, die man vom Unternehmen zugewiesen bekommt, sondern der Einstellung, die die Person im Kontakt mit Teammitgliedern annimmt.

Rolle nach Belbin	Stärken	Schwächen
Beobachter	strategisch, betrachtet die Optionen überlegt	kann als zu kritisch und undynamisch wahrgenommen werden
Spezialist	autonom und entschlossen, konzentriert sich auf die Ziele, Kontaktperson bezüglich Wissen und Technik	lässt das Große und Ganze aus den Augen, kümmert sich hauptsächlich ums Technische, kompetent, aber nur auf einem speziellen Gebiet
Umsetzer	methodenbasiert, diszipliniert, setzt Ideen in konkrete Taten um	wenig flexibel und verschlossen gegenüber neuen Ideen

Rolle nach Belbin	Stärken	Schwächen
Macher	draufgängerisch, dynamisch, nimmt Herausforderungen an und arbeitet effizient unter Druck	kann ungewollt verletzend sein
Perfektionist	überprüft sorgfältig auf Fehler, sorgt dafür, dass Fristen eingehalten werden und die Arbeit perfekt ist	hält sich mit Details auf, kann sich unverhältnismäßig sorgen
Koordinator/ Integrator	vertrauensvoll und diplomatisch, trifft Entscheidungen, und versucht, die Stärken der Teammitglieder optimal einzusetzen	kann manipulativ erscheinen

Rolle nach Belbin	Stärken	Schwächen
Neuerer/ Erfinder	kreativ, unorthodox, löst Probleme, indem er neue Ideen entwickelt	kümmert sich nicht um Details und Kommunikation
Wegbereiter/ Weichensteller	enthusiastisch, untersucht und entdeckt neue Möglichkeiten, entwickelt ein soziales Netz	manchmal fehlender Realitätsbezug und zu enthusiastisch
Teamarbeiter/ Mitspieler	umgänglich, entgegenkommend, achtet auf die Bedürfnisse von anderen und vermeidet Spannungen im Team	beeinflussbar, kann unentschlossen sein, fühlt sich bei Konflikten schlecht

Die Identifikation der Rollen im Team ermöglicht, die Verantwortung gerecht zu verteilen, indem die Präferenzen aller berücksichtigt werden (auch wenn dies nicht immer zu 100 % möglich ist).

SICH IN DER GRUPPENDYNAMIK POSITIONIEREN

Gemäßigtes oder gehobenes Arbeitstempo?

Es wird Sie nicht überraschen zu hören, dass Gruppennormen einen gewissen Einfluss auf die Anstrengungen der Gruppenmitglieder haben.

- Sorgen die Normen in der Gruppe für hohe Anforderungen? Erwarten Ihre Kollegen, dass Sie außerordentliches Engagement zeigen? Neigen Ihre Gruppenmitglieder dazu, Überstunden zu machen, um ihre Projekte fertigzustellen?
- Oder ist es das Gegenteil? Neigen Ihre Kollegen dazu, Ihnen zu sagen: „Hey, mach mal halblang! Dein Vorgänger hat nicht so viel produziert. Keep cool!"?

Mehrere Studien haben gezeigt, dass Gruppenmitglieder dazu neigen, hohe Arbeitserwartungen zu erfüllen und den gewünschten Einsatz zu zeigen, selbst wenn dadurch Opfer gebracht werden müssen, wie beispielsweise Überstunden, um ein

Projekt zum Abschluss zu bringen. Wird im gegenteiligen Fall normalerweise gemäßigte Anstrengung in die Arbeit gesteckt, orientieren sich die Gruppenmitglieder auch daran. Neue Gruppenmitglieder werden dann häufig aufgefordert, langsamer zu arbeiten, wenn diese im Vergleich zu allen anderen mehr schaffen. Diese Erkenntnisse können Ihnen bereits dabei helfen, viele Dinge über die Arbeitsdynamik in einer Gruppe zu verstehen.

- Neigen Sie dazu, sich dem erhöhten oder gemäßigten Arbeitstempo der Gruppe anzupassen, um Spannungen zu vermeiden? Fühlen Sie sich damit wohl?
- Neigen Sie eher dazu, von der Norm abzuweichen, und zum Beispiel pünktlich nach Hause zu gehen, obwohl die anderen noch dabei sind, alles zu geben (oder Ihrer Meinung nach zu viel geben), oder verlassen Sie das Büro, wenn es schon dunkel ist und der Hausmeister das Gebäude abschließt, obwohl Ihre Kollegen schon längst Feierabend gemacht haben? Fühlen Sie sich damit wohl?

Das Arbeitsumfeld und die Gruppennormen haben einen großen Einfluss auf die Motivation und das Engagement bei der Arbeit. Die berufliche Leistung ist deshalb nicht immer eine Frage von Kompetenzen. Wenn Sie Ihren Beruf mögen und kompetent sind, Sie sich aber innerhalb des Teams unwohl fühlen, kann es daran liegen, dass Sie mit den Normen, wie zum Beispiel dem Arbeitstempo, nicht klarkommen.

Gerecht oder ungerecht? Konventionell oder unkonventionell?

Da wir uns alle gegenseitig an unserem jeweiligen Arbeitsansatz messen, wirft die Gruppenarbeit ebenfalls die Frage nach der Rechtfertigung der erledigten Arbeit auf.

- Manche Gruppen haben ein erhöhtes Interaktionsniveau, wodurch jeder im Bilde darüber ist, was der jeweils andere gerade macht, sodass Empathie entwickelt werden kann.

> „Als ich Paul letztes Jahr dabei geholfen habe, das Budget aufzustellen, habe ich erst gemerkt, wie stressig das überhaupt ist!"
> „In unserer Gruppe packt jeder mit an. Wenn wir ein Meeting organisieren, wechseln wir ab, wer den Kaffee kocht, wer den Gesprächsbericht erstellt und wer das Meeting leitet."

- In anderen Gruppen sind Interaktionen seltener. Auch wenn die Gruppenmitglieder den gleichen Platz einnehmen, gibt es wenig Austausch, jeder arbeitet für sich und macht seinen eigenen Job, was schnell zu Spannungen führen kann:

> „Wo treibt der sich schon wieder rum? Nie sitzt er an seinem Schreibtisch! Er verbringt seine gesamte Arbeitszeit nur mit Kunden im Restaurant!" „Pff, niemals lässt sie ihren Computer aus den Augen! Die hat es leicht! Sie muss ja nur Zahlen eingeben, während ich mit Kunden verhandeln muss, um Gewinn zu machen."

Auch wenn wir nicht offiziell dazu verpflichtet sind, rechtfertigen wir unsere Arbeitsweise dennoch vor unserer Gruppe.

BEISPIEL DER UNTERSCHIEDLICHEN ARTEN, WIE SICH BEI DER ARBEIT GERECHTFERTIGT WIRD

Carolin arbeitet in dem Unternehmen seit dessen Gründung. Sie war der Eigentümerin gegenüber immer loyal, denn sie hat ihr eine Chance gegeben, als sie grade frisch geschieden war. Um ihre Dankbarkeit dafür zu zeigen, arbeitet sie stets diszipliniert, fehlt niemals, kommt immer pünktlich und bearbeitet täglich so viele Akten wie möglich. Wenn sie nach Feierabend nachhause kommt, ist sie zufrieden und stolz darauf, ihre Arbeit effizient erledigt zu haben, denn das ist ihre Art, ihrer Arbeitgeberin ihre Loyalität zu zeigen.

Seit ein Vertriebsteam angestellt wurde, verspürt Carolin viele Spannungen. Sie versteht einfach nicht, wie ihre Vorgesetzte diese „Jugendbande" toleriert, die die ganze Zeit nur am Telefon ist, und ihr Zuspätkommen damit rechtfertigt, dass ihre Arbeit von ihren Ergebnissen abhängt und nicht von den geleisteten Stunden. Obwohl sie Max' Arbeitsmethoden und seinen extravaganten Kleidungsstil nicht mag, toleriert sie ihn, denn die Chefin ist mit seiner Leistung zufrieden. Dank seinem Verhandlungsgeschick sind die Umsätze sogar deutlich gestiegen. Carolin zeigt sich also großmütig, aber bleibt trotzdem misstrauisch.

Warum fühlt sich Carolin seit der Einstellung der neuen jungen Vertriebsmitarbeiter unwohl? Sicherlich weil sich die Gruppendynamik und die Rechtfertigungen bei der Arbeit seit der Unternehmensgründung verändert haben. Während Carolin ihr Verhalten durch Respekt vor der Tradition sowie Loyalität gegenüber der Vorgesetzen und die Anwendung effizienter Methoden rechtfertigt, setzen Max und seine Kollegen den Fokus auf das Image des Unternehmens und denken nur an Profit. Carolin fragt sich also, ob ihre Vorgesetzte enttäuscht von ihr ist, sie ihre Jahre der loyalen Mitarbeit vergessen hat, und was sie jetzt tun kann. Sie lädt Max zum Essen ein, vergisst ihren Stolz für einen Augenblick und fragt ihn um Rat. Dieser ermutigt sie dazu, ein dynamischeres Verhalten an den Tag zu legen, mehr zu lächeln und sich gewissenhafter um die Kundenanfragen zu kümmern. Er hilft ihr dabei, Ihren Arbeitsplatz umzugestalten, um das Ambiente zu verschönern und die Qualität des Kundenempfangs zu verbessern. Nach einer Dienstreise bemerkt die Chefin überrascht Carolins Veränderung und ist zufrieden damit, wie ihr Unternehmen nun repräsentiert wird. Das erste Mal seit langem begrüßt sie Carolin freundlich und beglückwünscht sie.

Was ist da passiert? Auch wenn die vorrangigen Werte zu Beginn Loyalität und Leistung waren, sind es heute das Ansehen der Marke und Profit. In all den Jahren hatte Carolin nicht verstanden, wie wichtig die Kundenmeinung und das Unternehmensimage für ihre Chefin waren. Diese Priorität hat sich erst mit der Einstellung der Vertriebsmitarbeiter herausgestellt und Carolin konnte sich mit Max' Hilfe den neuen Gegebenheiten anpassen. Sie arbeitet daran, sich mehr an den Kunden zu orientieren, wodurch sie sich sie sich den Prioritäten der Gruppe hinsichtlich des Unternehmensrufs annähert.

Die französischen Soziologen Boltanski und Thévenot (1991/2001) sind die Autoren des „Modells der Rechtfertigungsordnung", das die Formen von Rechtfertigungen erklären soll, die Menschen zum Legitimieren ihrer Handlungen nutzen. Bei diesem Ansatz steht die Situation im Mittelpunkt der Analyse. Es geht darum, zu identifizieren, wie die Personen ihre Argumentation konstruieren, nach der entschieden wird, was gerecht und was ungerecht ist. Es ist kaum überraschend, dass das Markenimage und die öffentliche Meinung in der Modebranche oder beim Marketing als wichtig angesehen werden, während Kreativität in einem Kulturzentrum oberste Priorität haben dürfte. Häufig wird eine Kombination unterschiedlicher Rechtfertigungsordnungen („Gemeinwesen") genutzt, um zu erklären, warum auf diese Art und nicht anders gehandelt wurde und warum manche Rechtfertigungen vorrangig erscheinen.

Bei Konflikten appellieren Menschen oft an übergeordnete gemeinsame Prinzipien, um zu entscheiden, wie nun vorgegangen werden sollte – ähnlich wie ein gemeinsamer Nenner, mit dem jeder einverstanden ist. Die Autoren sprechen dabei von „Prinzipien" nicht von Werten, da erstere an Situationen gekoppelt sind und Werte an Personen. Die Gemeinwesen sind wie Rechtfertigungslogiken, die auf einer Wahrnehmung für gemeinsames Wohl beruhen. In diesem Ansatz variieren die Übereinkunft zwischen den Beteiligten ebenso wie die zulässigen Argumente von einem Gemeinwesen zum anderen. Wenn sich die Beteiligten einig darüber sind, was gerecht ist, wird der Streit beendet.

Auch wenn sich dieser Ansatz eher auf die Analyse von Institutionen und Politik bezieht, kann es aber trotzdem hilfreich sein, das Funktionieren einer Gruppe durch das Lektüreraster der Gemeinwesen zu betrachten. Wenn Sie Schwierigkeiten damit haben, Ihr Handeln gegenüber Ihrem Team zu rechtfertigen, und wenn Ihre Argumente im Konflikt schwach erscheinen, kann es Ihnen helfen, zu überprüfen, ob die Logik Ihrer Argumente zu der Logik passt, die im Team bevorzugt wird.

Präsentation der Welten

Welt	Übergeordnetes gemeinschaftliches Prinzip, das Zusammengehörigkeitsgefühl zwischen den Menschen fördern kann
Die staatsbürgerliche Welt	Repräsentativität-Kollektivität: das Ergebnis von Wahlen
Die häusliche Welt	Treue-Loyalität-Tradition: wodurch Traditionen bewahrt werden
Die industrielle Welt	Effizienz-Umsetzung: wodurch die nötigen Mittel effizient mobilisiert werden
Die Welt der Meinung	Ansehen-Bekanntheit: was berühmt oder beliebt macht
Die Welt der Inspiration	Kreativität-Inspiration-Authentizität: was mit der Inspiration übereinstimmt
Die Welt des Marktes	Interesse-Besitzgier-Profit: wodurch man noch mehr besitzen kann

TOP TIPPS

ACHTEN SIE AUF DEN ZUSAMMENHALT DER GRUPPE

Zusammenhalt ist der unsichtbare Klebstoff Ihrer Gruppe, ein unerlässliches Element für das Gleichgewicht und damit auch für die Effektivität. Es sorgt für Teamgeist, auch bei unterschiedlicher Sympathie untereinander. Recherchen über Gruppenmitglieder zeigen, dass für die Entwicklung von Zusammenhalt zwischen den Gruppenmitgliedern – also auch für die Effizienz – folgende Aspekte besonders wichtig sind:

- ein positives Bild des Teams pflegen
- das Erreichen der gemeinsamen Ziele anvisieren
- das Sicherheitsgefühl stärken
- das Bewusstsein des Mehrwerts von kollektiven Tätigkeiten im Vergleich zu individuellen Tätigkeiten fördern
- Beziehungen im Team pflegen
- Ausgrenzung einzelner Gruppenmitglieder vermeiden

WERDEN SIE SICH BEWUSST ÜBER DIE SCHÄDLICHKEIT BESTIMMTER VERHALTENSWEISEN

Während Gruppenarbeit die Leistung bezüglich einiger Aspekte verbessern kann, erweist sich das berufliche Zusammenleben manchmal auch als sehr schwierig zu managen. Wie bereits erwähnt, kostet manche Zusammenarbeit viel Energie, da es vorkommen kann, dass man mit bestimmten Persönlichkeiten nicht auskommt und man ihre Verhaltensweisen sogar als „schädlich" wahrnimmt.

Wenn Sie Ihre Eindrücke einem Kollegen anvertrauen, kann es sein, dass dieser überrascht reagiert. Denn das, was für eine Person unangenehm ist, wird von einer anderen Person nicht zwingend genauso wahrgenommen.

ZUSATZINFORMATION: VIER REAKTIONSEBENEN BEI SCHÄDLICHEN VERHALTENSWEISEN

- **Emotionen**: schlechte Laune, Gefühl der Wertlosigkeit, Antriebslosigkeit,

Minderwertigkeitsgefühl, Reizbarkeit, Gefühl, nicht mehr zu existieren etc.

- **Verhalten**: Lust, sich zu entfernen, Vermeidungsverhalten, Unterwürfigkeit, Aggressivität etc.
- **Physisch**: Kopfschmerzen, Übelkeit, Atembeschwerden, trockener Hals, nervöse Ticks etc.
- **Kommunikation**: Eindruck in Fettnäpfchen zu treten, Veränderung der Stimmlage, Bedürfnis zu schreien, defensives nonverbales Verhalten, mehrdeutige Aussagen etc.

Die folgenden Ausführungen nehmen Lillian Glass' Ansätze (1995) auf und zeigen, wie man am besten auf solche toxischen Profile reagieren sollte. Achtung, verlieren Sie nicht aus den Augen, dass Sie möglicherweise auch einen toxischen Einfluss auf andere haben können. Beziehungen können auf eine konstruktive Ebene zurückgebracht werden, wenn die Felder, in denen Spannungen bestehen, identifiziert werden und beide Parteien bereit sind, einen Schritt aufeinander zuzugehen.

Toxische Profile

Toxisches Profil	Ratschlag (nach *Ces gens qui empoisonnent l'existence*)
Der Verächter zeigt häufig Unsicherheit	Um herauszufinden, was diese Person stört und somit die Spannung zu entschärfen, sollte man ihr folgende Fragen stellen: „Was stört dich an meinem Verhalten? Was bringt dich dazu, solche Bemerkungen zu machen? Warum stört dich das?"
Die Quasselstrippe muss sich geliebt und akzeptiert fühlen, um sich wichtig zu fühlen.	Geben Sie der Person das Gefühl, dass sie Ihnen wichtig ist. Sagen Sie ihr unter vier Augen, dass sie häufig in unangebrachten Momenten zu viel redet, was meistens nichts zur Unterhaltung beiträgt. Falls es Ihnen sinnvoll erscheint, vereinbaren Sie ein geheimes Zeichen, um der Person anzuzeigen, wann sie die Grenze erreicht hat.

Toxisches Profil	Ratschlag (Nach *Ces gens qui empoisennent l'existence*)
Die Klatschbase ist unsicher und hat fehlende Selbstachtung	Sie müssen diese Person wissen lassen, dass Sie sich von ihrem Theater nicht täuschen lassen. Zeigen Sie ihr, dass ihr Verhalten inakzeptabel ist und unterbrechen Sie sie, wenn sie vor Ihnen über andere herziehen will. Sie können den Kontakt auch gänzlich abbrechen.
Der Ausnutzer ist egoistisch, illoyal und manipulativ.	Konfrontieren Sie diese Person direkt damit, dass Sie sich durch sein Verhalten ausgenutzt und verletzt fühlen. Auch hier können Sie über einen Kontaktabbruch nachdenken.

SITUATIONEN MIT PROFESSIONALITÄT BEGEGNEN

Wenn Sie sich positionieren und Respekt erfahren wollen, sollten Sie sich nicht damit zufriedengeben, ein Kollege wie jeder andere zu sein, sondern sich stattdessen von Ihrer professionellen Seite zu zeigen. Guy Le Boterf (2010) zufolge reicht es nicht aus, nur seine vorgeschriebenen Aufgaben zu erledigen, um seine Kompetenzen unter Beweis zu stellen. Denn ein richtiger Profi kann auch mit Unerwartetem umgehen.

Um über die Vorgaben Ihres Teams hinaus Ihre Professionalität zu demonstrieren, sollten Sie die Situationen korrekt interpretieren. Dazu müssen Sie herausfinden, welches Verhalten von Ihnen entsprechend der Normen in der Gruppe erwartet wird. Denn wie Le Boterf unterstreicht, dass es nicht so sehr um das Know-how geht, sondern vielmehr darum, zu wissen, was getan werden muss, um die richtigen Entscheidungen zu treffen.

Situationen, in denen wir uns befinden, gehen mit einer großen Informationsflut einher. Es ist unerlässlich, die wichtigen herauszufiltern, denn sonst könnte Energie für ein unnötiges, wenn nicht sogar unangebrachtes Verhalten verschwendet werden. Sicher hat Ihnen eine nahestehende Person schon mal etwas ähnliches anvertraut wie: „Ich verstehe es einfach nicht. Ich bin kompetent, ich gebe mein Bestes, ich halte Fristen ein, und sie sind niemals zufrieden mit mir." Sie können dieser Person raten, die

Situation zu analysieren und so zu überprüfen, ob die Ergebnisse, die sie erzielt, auch den Erwartungen der Gruppe entsprechen.

Genau darin besteht der Ratschlag: Um in einer Gruppe professionell und leistungsfähig zu sein, reicht es nicht, sich an das Explizite zu halten, sondern man muss ebenfalls versuchen, die impliziten Elemente zu erkennen, und seine Beobachtungsgabe schärfen. Le Boterf zufolge bedeutet Initiative zu ergreifen auch manchmal zu wissen, wann man nicht einschreiten sollte. Lassen Sie sich nicht vom Anschein trügen, überlassen Sie nichts dem Zufall und fahren Sie Ihre Antennen aus!

FAQ

WODURCH ZEICHNET SICH EIN PROFESSIONELLES TEAM AUS?

Alderfer (geboren 1977) und Hackmann (geboren 1987) zufolge teilen Arbeitsgruppen die folgenden Merkmale:

- Es sind soziale Einheiten, die Teil eines größeren Systems sind (zum Beispiel die Rechtsabteilung eines Unternehmens).
- Sie erledigen gemeinsam eine oder mehrere Aufgaben für das Unternehmen (die Verwaltung von Gerichtsakten).
- Ihre Leistung bei der Durchführung der Aufgabe(n) hat einen Einfluss auf das Unternehmen (durch die falsche Bearbeitung einer Akte kann das Unternehmen den Fall verlieren).
- Sie setzen sich aus Einzelpersonen mit recht unabhängigen Rollen zusammen.
- Die Gruppenzugehörigkeit ist innerhalb und außerhalb der Gruppe erkennbar (die Mitglieder der Rechtsabteilung und die Mitglieder von

anderen Abteilungen des Unternehmens nehmen die Identität der Gruppe und ihre Existenz wahr).

WELCHE ASPEKTE TRAGEN ZUR GUTEN GRUPPENARBEIT BEI?

Damit ein Team eine Daseinsberechtigung hat, ist es wichtig, dass alle Mitglieder zur Produktion von Gütern und/oder Dienstleistungen beitragen, so wie es von der Gruppe erwartet wird. Die Effizienz der Gruppe hängt von der Zusammenführung und Koordinierung der einzelnen Leistungen der Teammitglieder sowie von deren stetigen Bemühungen ab. In verschiedenen Untersuchungen konnten Faktoren bestimmt werden, die die Teamleistung positiv beeinflussen:

- zwischenmenschliche Unterstützung, die das Fortbestehen des Teams fördert
- Ressourcenmanagement, das das Ausführen der Aufgaben betrifft
- Innovationen, die kontinuierliche Verbesserung fördert

Nicht jeder kann zu all diesen Aspekten etwas beizutragen, aber durch die Festlegung von Rollen im Team wird deutlich, was jeder Einzelne zur allgemeinen Leistung beitragen kann.

BEEINFLUSST EINE VERFLECHTUNG DER AUFGABEN DIE EFFIZIENZ?

Ja, denn Catherine Guertin, André Savoie und Claude Larivière (2003) zufolge beeinflusst die Verflechtung zwischen Teammitgliedern (in Bezug auf Aufgaben, Ziele und Feedback) deren Leistungsfähigkeit. Je mehr Sie bei der Ausführung Ihrer Aufgabe von Ihren Kollegen abhängen, je näher sich Ihre Ziele angleichen und je mehr die Resultate Ihrer Arbeit vom kollektiven Beitrag abhängen, desto effizienter wird Ihr Team von Ihnen und Ihren Kollegen wahrgenommen. Die Rechercheergebnisse der drei Forscher zeigen, dass Ziele, die von der ganzen Gruppe definiert werden, einen ausschlaggebenden Effekt auf die Effizienz haben. Damit die Zusammenarbeit also gut verlaufen kann, ist es wichtig, gemeinsame Ziele zu definieren.

Sie haben bestimmt schon einmal privat oder beruflich erlebt, dass manche Menschen dazu neigen, Niederlagen und Probleme als Misserfolge anderer zu betrachten, was sich dann ungefähr so anhört: „**Du** hättest das besser machen können. Warum hast **du** das nicht gemacht?". Wenn es jedoch im Gegensatz dazu um Erfolg geht, drücken sich die Teammitglieder so aus: „Super, **wir** haben es geschafft!"

Dieses mitunter haarsträubende Phänomen, wenn sich der Sieg von anderen angeeignet wird, ohne etwas dazu beigetragen zu haben, wird mit dem BIRG-Effekt erklärt (*Basking in reflected Glory*, übersetzt „sich im Erfolg eines anderen sonnen"). Diese psychologische Strategie wird von Einzelpersonen verwendet, um ihr Selbstwertgefühl gegenüber anderen zu stärken. Es bezieht sich auf die Tatsache, dass unsere persönliche Identität mit der sozialen Identität verbunden ist, also die, die durch das Zugehörigkeitsgefühl zu einer sozialen Gruppe entwickelt wird.

GIBT ES EIN MODELL, MIT DEM MAN DIE TEAMLEISTUNG AUSWERTEN KANN?

Ja, eines der einflussreichsten Modelle ist das *„input-process-output of work team performance"*-Modell (1964) des amerikanischen Sozialpsychologen Joseph E. McGrath (1927-2007). Es wird häufig dafür genutzt, die Leistung von Gruppen zu analysieren.

- *Input* bzw. Ressourcen: werden in das Projekt investiert, wie Kenntnisse, Kompetenzen, Erfahrungen der Gruppenmitglieder, sowie andere Mittel, die ihnen zur Verfügung gestellt werden
- *Output* bzw. verzeichnete Resultate: die Leistung des Teams, die Zufriedenheit der Beteiligten und seine Rentabilität

Die Ressourcen werden durch bestimmte Transformationsprozesse zu Resultaten. Um die Effizienz eines Teams zu messen, konzentriert sich McGrath daher vor allem auf diese Prozesse anstatt auf die Ressourcen oder Resultate selbst.

KANN DIE TEAMLEISTUNG ANHAND DER ERGEBNISSE BEWERTET WERDEN?

Nicht ausschließlich. Mehrere Unternehmenspsychologen vertreten den Standpunkt, dass die Leistung nicht das Resultat von Handeln ist, sondern das Handeln an sich. Es stellt sich also die Frage, warum man nicht die Ergebnisse als Indikator für Leistung verwendet. Der Grund ist simpel: Das Erreichen eines Resultats unterliegt liegt nicht zu 100 % der Kontrolle einer Person oder Gruppe. Zahlreiche Faktoren können die Durchführung potenziell hindern: unzureichende Mittel, schlechte Arbeitsbedingungen, ungenügende Zusammenarbeit der beteiligten Parteien etc. Wenn Sie die Effizienz Ihres Teams auswerten wollen, sollten Sie die folgenden Aspekte unter die Lupe nehmen:

- Koordinierung
- Kommunikation
- Zusammenhalt
- Entscheidungsfindung
- Konfliktmanagement
- Zwischenmenschliche Beziehungen
- Feedback und Rückmeldungen über die Leistung der Gruppe

ERZIELEN DIE LEISTUNGSSTÄRKSTEN TEAMMITGLIEDER AUCH GLEICHZEITIG DIE BESTEN ERGEBNISSE?

Nicht unbedingt, denn wie bereits erklärt, hängt die Leistung genauso von den Resultaten der unternommenen Handlungen wie dem Verhalten im Moment des Handelns ab. Leistung ist das, was wir konkret machen, und Resultate sind Produkte unserer Leistung und nicht ausschließlich mit unserem Handeln verbunden. Das Erreichen von individuellen und kollektiven Zielen hängt ebenso von Faktoren ab, über die wir keine Kontrolle haben, wie von Beiträgen von anderen Gruppen, verfügbaren Ressourcen, dem Management, Interesse für das Vorgehen etc.

BEISPIEL

Vielleicht bewundern Sie Viktor, der ihre Akten immer rechtzeitig abarbeitet oder Emilie, die die großen Verträge abschließt. Es könnte auch sein, dass Sie den Eindruck haben, dass Julia ihre Arbeit nicht sehr schätzt, weil ihr Projekt keinen Erfolg hat, obwohl ihr die

Möglichkeit gegeben wurde, bei innovativen Änderungen mitzuwirken und dabei wichtige Personen kennenlernt.

Wir neigen schnell dazu, davon auszugehen, dass leistungsstarke Personen sichtbare Ergebnisse erreichen. Doch das ist ein Irrglaube, außer das Ergebnis liegt vollkommen im Einflussbereich der Person und kann eindeutig festgelegt und nachgewiesen werden. Es kann gut sein, dass Viktor Ihnen nicht gesagt hat, dass Patrick ihm geholfen hat, um Zeit zu sparen, oder vielleicht wissen Sie nicht, dass Emilie über ein Netz von Kontakten verfügt, die besonders in seine kommerziellen Angebote interessiert sind. Und Julia, bleibt sie inaktiv? Sind ihre Tätigkeiten unangemessen? Können Sie wirklich sicher sein, dass sie über einen ausreichenden Handlungsspielraum und die nötigen Ressourcen verfügt, die für ihr Projekt erforderlich sind?

Bevor Sie die Leistung oder Nicht-Leistung von Kollegen beurteilen, sollten Sie den Kontext analysieren und mit ihnen in Dialog treten, um die Situation unter Berücksichtigung aller Aspekte objektiv betrachten zu können.

HÄNGT DIE LEISTUNG NUR VON DEN KOMPETENZEN AB?

Nein. Mehrere Studien konnten zeigen, dass Verhaltensweisen, wie Helfen, Teilen oder Zusammenarbeiten, zum Wohlfühlen und der Integration der Personen bei der Arbeit beitragen. Wissenschaftler, die Unternehmen analysieren, widmen ihre Aufmerksamkeit diesen „prosozialen" Verhaltensweisen, die sich auch auf die Leistung des Unternehmens auswirken. Dabei handelt es sich um selbstlose Verhaltensweisen, von denen andere Personen (bei Zusammenarbeit) oder das Unternehmen (positiv vom Unternehmen sprechen) profitieren.

Verhaltensweisen, die das Zugehörigkeitsgefühl zum Unternehmen deutlich machen, sind eine Form prosozialen Verhaltens, die nicht im formalen Auswertungssystem von Leistung vorkommt, aber zum effizienten Funktionieren des Unternehmens beiträgt. Sie manifestiert sich zum Beispiel in Höflichkeit (seine Abwesenheit kommunizieren), Hilfsbereitschaft (einem überarbeiteten Kollegen helfen), Sportsgeist (Akzeptanz von bestimmten Verpflichtungen, ohne sich zu beschweren), gesellschaftliche Tugenden (zu Beerdigungen, Feiern o. Ä. gehen) etc.

Es handelt sich dabei um Verhalten aus eigenem Ermessen, was bedeutet, dass die Personen sich freiwillig so verhalten. Faktoren, die ein solches Verhalten fördern sind Unterstützung der Vorgesetzten, Vernetzung der Aufgaben zwischen den Teammitgliedern, Zufriedenheit bei der Arbeit, organisatorische Einbeziehung und prozessuale Gerechtigkeit (von den Angestellten wahrgenommene Gerechtigkeit hinsichtlich der Einbeziehung in die Prozesse).

HAT DIE GRUPPE EINEN EINFLUSS AUF MEINE PERSÖNLICHE IDENTITÄT?

Teilweise. Die Experten für Theorien zur sozialen Identität Tajfel und Turner behaupten, dass Menschen ihre Gruppe positiv abgrenzen wollen, indem sie sie mit anderen vergleichen, um so eine positive soziale Identität zu bilden. Sobald man zu einer Gruppe gehört, entwickelt man eine soziale Identität, ein Zugehörigkeitsgefühl zur

Gruppe, das wiederum zu unserer individuellen Identität beiträgt.

„WIR SIND DIE BESTEN" ODER ÜBERHÖHTE WAHRNEHMUNG DER EIGENEN GRUPPE

Einige Studien konnten belegen, dass man dazu neigt, die eigene Gruppe und ihre Leistung höher anzusehen als andere Gruppen und deren Leistung. In so einem Fall führen die soziale Identität und das Bedürfnis, sich positiv abzugrenzen zur positiven Bewertung der eigenen Gruppe. Wenn man diese als anderen überlegen betrachtet, fühlt man sich besser und kann sich besser entfalten.

JETZT SIND SIE GEFRAGT!

Ihre Meinung ist uns wichtig!
Hinterlassen Sie doch einen Kommentar auf der
Seite unserer Online-Buchhandlung
und teilen Sie Ihre Favoriten in den sozialen
Netzwerken!

DARÜBER HINAUS

LITERATURVERZEICHNIS

- Belbin, Meredith: *Les rôles en équipe.* Éditions d'Organisation: Paris 2006.

- Borden, Richard J.; et al.: „Basking in Reflected Glory: Three (Football) Fields Studies". In: *Journal of Personality und Social Psychology* 34(3, 1976).

- Brief, Arthur P.; Motowidlo, Stephan J.: „Prosocial Organizational Behaviors". In: *The Academy of Management Review* 11(4, 1986).

- Cailloux, Geneviève; Cauvin, Pierre: *Deviens que tu es. Guide pratique.* Le souffle d'Or: Gap 1994.

- Cailteux, Caroline: *La gestion des compétences. Du modèle à la pratique.* Vanden Broele: Brügge 2013.

- Campbell, John; et al.: „The Substantive Nature of Job Performance Variability". In: Murphy, Kevin R. (Hrsg.): *Individual Differences and Behavior in Organizations.* Jossey-Bass: San Francisco 1996.

- Glass, Lillian: *Ces gens qui vous empoisennent l'existence.* Les Éditions de l'Homme: Montreal 2013.

- Gosling, Patrick; et al.: *Psychologie sociale. L'individu et le groupe.* Bréal: Levallois-Perret 1996.

- Guertin, Catherine; et al.: „L'Interdépendance entre les équipiers comme déterminant de L'efficacité groupale". In: Delobbe, Nathalie; et al. (Hrsg.): *Dimensions individuelles et sociales de l'investissement professionnel.* Presses universitaires UCL: Louvain-La-Neuve 2003.

- Guzzo, Richard A.: „Fundamental Considerations about Work Groups". In: West, Michael A. (Hrsg.): *Handbook of Group Psychology.* John Wiley & Sons: Chichester 1996.

- Horwitz, Murray; Rabbie, Jacob M.: „L'Effet discriminatoire entre groupes en fonction d'une réussite ou d'un échec au hasard". In: Doise, Wille; Deschamps, Jean-Claude (Hrsg.): *Éxpériences entre groupes.* Mouton édituer: Paris 1969.

- Jacquemain, Marc: „Les cités et les mondes: le modèle de la justification chez Boltanski et Thevenot" (2001). *Fakultät für Sozialwissenschaften der Université Liège.* https://orbi.uliege.be/bitstream/2268/90443/1/Les%20cit%C3%A9s%20et%20les%20mondes%20de%20Luc%20Boltanski.pdf (12.02.2019).

- Jung, Carl-Gustav: *Types psychologiques.* Librairie de l'université Georg et Cie: Genf 1983.

- Le Boterf, Guy: Professionnaliser. *Construire des parcours personnalisés de professionnalisation.* Éditions d'Organisations: Paris 2010.

- McGrath, Joseph E.; O'Connor, Kathleen M.: „Temporal Issues in Wort Groups. In: West,

Michael A. (Hrsg.): *Handbook of Work Group Psychology*. John Wiley & Sons: Chichester 1996.

- Solar, Claudie: *Équipe de travail efficae. Savoirs et temps d'action*. Les Éditions Logiques: Québec 2001.

- Tajfel, Henri; Turner, John C.: „The Social Identity Theory of Intergroup Conflict". In: Worchel, Stephen; Austin, William G. (Hrsg.): *Psychology of Intergroup Relations*. Nelson-Hall : Chicago 1979.

- Yeatts, Dale E., Hyten, Cloyd: *High-Performing Self-Managed Work Teams. A Comparison of Theory to Practice*. Sage Publications: Thousand Oaks 1998.

MEHR AUF 50MINUTEN.DE

- Martin, Nicolas: *Resilienz entwickeln. Methoden zum Meistern von schwierigen Situationen*. Aus dem Französischen von Leonie Kremer. Plurilingua Publishing: Brüssel 2019.

- Zinque, Nicolas: *Zielführendes Projektmanagement. Methoden zum erfolgreichen Durchführen von Projekten*. Aus dem Französischen von Leonie Kremer. Plurilingua Publishing: Brüssel 2019.